Välkommen till

スウェーデンへようこそ！

スウェーデンは自然が豊かで、歴史のある建物も多く、おだやかな国です。
本書では、首都ストックホルムと、私が留学していた「ルンド」という街をメインに紹介しています。
ルンドでは、スーパーやパン屋さんなどいろんなところで、シナモンロールのいい匂いがしていました。
とても幸せな気持ちになる匂いです。
スウェーデン旅行に行ったことがある人も、行ったことがない人も、
本書のお菓子を作って、幸せな匂いに包まれながら、
旅行の気分を味わいませんか？

豊かな自然

たくさんの島から成り立つスウェーデンは水も緑も豊かです。何気ない風景でも絶景スポットなのがすごいところ！

シナモンロールの香り

駅のキオスクで売られているシナモンロールの香りを感じると、「ああ、スウェーデンにいるんだな」と実感します。

カフェ文化が盛ん

街のカフェには老若男女が集まり、自分の時間や仲間とのおしゃべりを楽しんでいます。みんな、近所のお気に入りの店があるようです。

古い建物

日本ではとても見ることができない、映画やおとぎ話に出てくるような建築物がたくさんあります。

Sverige!

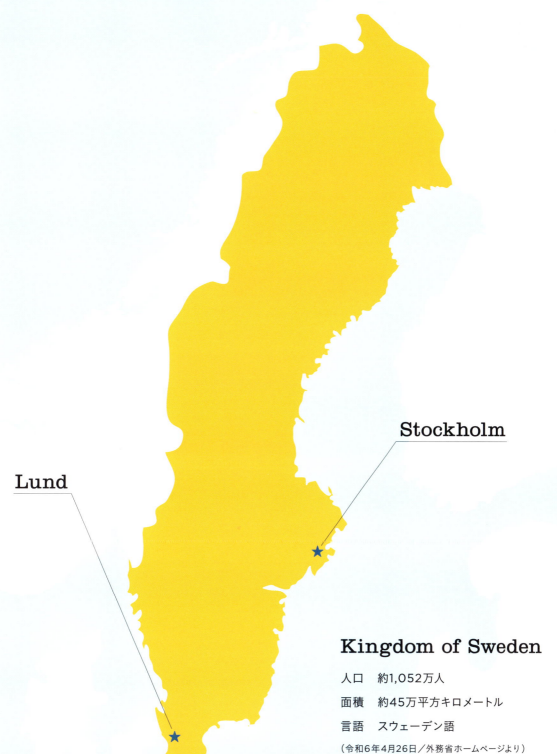

Lund

Stockholm

Kingdom of Sweden

人口　約1,052万人

面積　約45万平方キロメートル

言語　スウェーデン語

（令和6年4月26日／外務省ホームページより）

Contents

はじめに ・・・・・・・・・・・・・・・・・ 2
Välkommen till Sverige! ・・・・・・・ 4
スウェーデンへようこそ！

Part 1

北欧の定番菓子 ・・・・・・・・・・・・・・ 9

Syltkakor ・・・・・・・・・・・・・・・・ 10
ラズベリーのジャムクッキー
Havrekakor ・・・・・・・・・・・・・・ 12
オートミールクッキー
Pepparkakor ・・・・・・・・・・・・・ 14
クリスマスのジンジャークッキー
いろいろなクッキー ・・・・・・・・・・・ 16
Chokladbollar ・・・・・・・・・・・・ 20
チョコレートボウル
Toscakaka ・・・・・・・・・・・・・・・ 22
アーモンドのスティックケーキ
Kladdkaka ・・・・・・・・・・・・・・・ 24
濃厚チョコレートケーキ
Morotskaka ・・・・・・・・・・・・・・ 26
キャロットケーキ
Kanelbulle ・・・・・・・・・・・・・・・ 32
シナモンロール
Kardemummabulle ・・・・・・・・・ 33
カルダモンロール
Semla ・・・・・・・・・・・・・・・・・・ 36
セムラ
semla arrangemang ・・・・・・・・ 39
セムラのアレンジ

Part 2

スウェーデンを知るお菓子 ・・・・・・・ 44

Prinsesstårta ・・・・・・・・・・・・・ 45
プリンセスケーキ
2 sorters Bikarbonatbröd ・・・・・ 48
2種のソーダブレッド
ソーダブレッドを楽しむアイデア ・・・・ 50
Rabarberpaj ・・・・・・・・・・・・・・ 52
ルバーブのパイ
Hallonkaka ・・・・・・・・・・・・・・・ 54
ラズベリーマフィン

【この本での約束ごと】

● 小さじ1は5㎖、大さじ1は15㎖です。　● 卵はMサイズのものを使用しています。　● バターはすべて食塩不使用（無塩）のものを使用しています。　● オーブンはコンベクションオーブンを使用しています。オーブンは機種によって差があるので、ご自宅のオーブンのクセをつかむことも大事です。

Part 3

日本でスウェーデンを楽しむお菓子 ・・・・・・・・・・ 61

Svensk Scones ・・・・・・・・・・・・・・・・・・・・・・ 62
スウェーデン式スコーン
Kardemumma tårta med choklad ・・・・・・・・・・ 64
チョコレートとカルダモンのケーキ
Tekaka med aprikos sylt ・・・・・・・・・・・・・ 66
紅茶とアプリコットのケーキ
Mjuk pepparkaka ・・・・・・・・・・・・・・・・・・・ 68
クリスマスのスパイスケーキ
Chokladbrownie ・・・・・・・・・・・・・・・・・・・・ 70
チョコレートブラウニー

Column

1　スウェーデンに留学したきっかけ ・・・・・・・・ 18
2　スウェーデンでの暮らし ・・・・・・・・・・・・・ 28
3　わたしのスウェーデン観光案内 ・・・・・・・・・ 40
4　FIKAFABRIKENができるまで ・・・・・・・・ 56
5　さぁ、FIKAを楽しもう！・・・・・・・・・・・・ 73

おわりに ・・・・・・・・・・・・・・・・・・・・・・・・ 74
FIKAFABRIKENのお菓子が楽しめるお店 ・・・ 76
材料について ・・・・・・・・・・・・・・・・・・・・・・ 78
使用している道具について ・・・・・・・・・・・・・ 79

Part 1

北欧の定番菓子

まずは、簡単に作れて、
北欧らしいおなじみのお菓子を
紹介します。

Syltkakor

ラズベリーのジャムクッキー

かわいくて、FIKAFABRIKENで一番人気のクッキー。
指を使ってくぼみをつけるのが最初は難しいですが、慣れてきたら楽しくなりますよ。

Point

ジャムはスプーンを使って流していきます。難しければ、絞り袋に入れても。

材料（直径3cm×高さ1cm 約30個分）

小麦粉　　　　　140g
バター　　　　　100g
グラニュー糖　　50g
ラズベリージャム　約50g

下準備

バターは常温に戻しておく。
オーブンは170度に予熱しておく。

作り方

1　ボウルにバター、グラニュー糖を入れ、すり混ぜる。
2　小麦粉をふるい入れ、ゴムベラで切るように混ぜる。
3　生地がまとまったら台に出す。手で丸く成形し（1個当たり8gが目安）、オーブンペーパーを敷いた天板に並べる。
4　クッキーの中央を親指の第一関節で押してくぼみをつけ、ラズベリージャムを流す。
5　170度に温めたオーブンで12分焼く。

Havrekakor

オートミールクッキー

牛乳と合わせて食べるのがおいしい素朴なクッキー。
ちょっとした塩けがくせになるので、忘れずに入れてくださいね。

Point

大きさの目安は手のひらにおさまるくらい。ひとくちサイズのクッキーです。

材料（直径8cm 12個分）

小麦粉	60g
オートミール	20g
グラニュー糖	45g
バター	60g
ベーキングパウダー	2g
重曹	2g
塩	1g

下準備

バターは常温に戻しておく。
オーブンは170度に予熱しておく。

作り方

1　ボウルにバター、グラニュー糖を入れ、ゴムベラですり混ぜる。
2　小麦粉、ベーキングパウダー、重曹、塩をふるいながら加えて混ぜる。
3　オートミールを加えて混ぜる。
4　手で丸く成形し、オーブンペーパーを敷いた天板に並べる（1個当たり15gが目安）。
5　170度に温めたオーブンで12分焼く。

Pepparkakor
クリスマスのジンジャークッキー

クリスマスの時期は、缶いっぱいに入って、いろいろなところで販売されています。
ついつい手が止まらなくなるクッキーです。

Point

生地は薄く伸ばすのがコツ。冷蔵庫でよく冷やしてから型抜きしてください。

材料（作りやすい分量）

準強力粉	150g
グラニュー糖	67g
バター	50g
モラセスシロップ	50g
生クリーム	38g
シナモンパウダー	4g
クローブ、カルダモン、ジンジャーパウダー	各1g
塩	0.5g
重曹	3g

作り方

1　小鍋にバター、モラセスシロップ、生クリーム、グラニュー糖を入れて中火にかける。
2　沸騰したらスパイスを加えて、ゴムベラでダマがなくなるまで混ぜる。
3　火からおろしてボウルに移し、常温になるまで冷ます。
4　3に準強力粉、重曹、塩をふるい入れてゴムベラで切るように混ぜる。生地がまとまってきたら台に出し、ラップに包んで4時間以上冷蔵庫で冷やす。
5　生地を3mm厚に伸ばしたら、型を抜き、オーブンペーパーを敷いた天板に並べる。190度に温めたオーブンで8分焼く。

∨

∨

∨

いろいろなクッキー

具材を変えていろんな楽しみ方ができる
クッキーのレシピを紹介します。
季節の具材を入れて焼くのも楽しいです。

〈基本の生地（4倍量）〉

ボウルに溶かしバター180g、ブラウンシュガー180g、グラニュー糖50gを入れて混ぜる。卵1個、卵黄1個を加えて混ぜ、小麦粉240g、重曹3g、塩3gを合わせてゴムベラで混ぜる。

ピンクのバタークッキー　　材料と作り方（作りやすい分量）

ボウルに常温に戻したバター100g、グラニュー糖50gを入れて混ぜ合わせる。小麦粉150gをふるい入れてさらに混ぜ、まとまったら長さ約17cmの棒状に成形し、冷蔵庫で1時間程度休ませる。バットにグラニュー糖適量を入れ、ピンクのアイシングジェルを加えて着色する。生地を転がし、グラニュー糖をまんべんなくまぶす。包丁で（約8mm厚に）カットしてオーブンペーパーを敷いた天板に並べ、170度に温めたオーブンで12分焼く。

カルダモンとココアのクッキー　　材料と作り方（作りやすい分量）

ボウルに常温に戻したバター100g、グラニュー糖50gを入れて混ぜ合わせる。小麦粉125g、ココア8gをふるい入れ、刻んだクランベリー20gを加えてさらに混ぜる。まとまったら長さ約17cmの棒状に成形し、冷蔵庫で1時間程度休ませる。バットにグラニュー糖適量を入れ、生地を転がし、グラニュー糖をまんべんなくまぶす。包丁で（約8mm厚に）カットしてオーブンペーパーを敷いた天板に並べ、170度に温めたオーブンで12分焼く。

チョコとくるみのチャンククッキー

材料と作り方（約4個分）

基本の生地の1/4量をとりわけ、チョコレート38g、くるみ15g、岩塩少々を加えて混ぜる。1個45〜50gを目安に丸くまとめて、オーブンペーパーを敷いた天板に並べ、170度に温めたオーブンで10〜12分焼く。

紅茶とキャラメルのチャンククッキー

材料と作り方（約4個分）

基本の生地の1/4量をとりわけ、アールグレイ茶葉2g、キャラメル40gを加えて混ぜる。1個45〜50gを目安に丸くまとめて、オーブンペーパーを敷いた天板に並べ、170度に温めたオーブンで10〜12分焼く。

ココア&マシュマロのチャンククッキー

材料と作り方（約4個分）

基本の生地の1/4量をとりわけ、ココア5g、ひと口大に切ったマシュマロ2〜3個を加えて混ぜる。1個45〜50gを目安に丸くまとめて、オーブンペーパーを敷いた天板に並べ、170度に温めたオーブンで10〜12分焼く。

抹茶&ホワイトチョコのチャンククッキー

材料と作り方（約4個分）

基本の生地の1/4量をとりわけ、抹茶5g、ホワイトチョコレート40gを加えて混ぜる。1個45〜50gを目安に丸くまとめて、オーブンペーパーを敷いた天板に並べ、170度に温めたオーブンで10〜12分焼く。

Column 1
スウェーデンに留学したきっかけ

小旅行で訪れた、サマーハウスが並び海がきれいな街。夢中で写真を撮りました。

Lunds universitet bibliotek

月に一度だけオープンするカフェに運よく出合いました。「ワッフルの日」が近かったので焼きたてワッフルでFIKA。

通っていたルンド大学の図書館。秋には紅葉もキレイです。この建物が大好きで、よく周りを散歩していました。

Lunds domkyrka

学園都市・ルンドのほぼ中央に位置するルンド大聖堂。静かに過ごしたい時はここに来ていました。

シットニングという食事会。学生なのにフォーマルな雰囲気でコース料理を味わうなど、特別感があってワクワクしました。

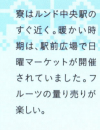
寮はルンド中央駅のすぐ近く。暖かい時期は、駅前広場で日曜マーケットが開催されていました。フルーツの量り売りが楽しい。

休みの日は、ビーチに出かけてバーベキューをするのが夏の定番。この時はフランス人と中国人と3人で女子旅。

子どもの頃から、いつか留学したいとずっと思っていました。
母は留学経験者で、私が生まれた後もホームステイ先の家族との交流が続いていました。大人たちが英語で話している様子を見て、私も英語を勉強したい、留学したいと考えていたのです。

大学1年生の時に、憧れていたイギリスでのサマースクールに参加しました。楽しくてあっという間の1カ月だったので、今度はもっと長く行きたい！ そう思って、留年にはなるけど3年生の時に長期留学をしようと決めました。最初はロンドンの大学を探していましたが、英語のスコアが足りなくて……他の英語圏の国はどうもしっくりきませんでした。そうこうしているうちに、申し込み締切の1週間前。英語圏以外の国も調べるなかで、たまたま目にとまったのがスウェーデンでした。行ったこともないですし、よく知らない国でしたが、直感でここにしよう！ と申し込んでみたら運よく通って、留学が決まりました。
先輩たちの留学体験記を閲覧していて、スウェーデンならゆっくりできそうかな？ と思ったのが理由のひとつでした。その頃はアルバイトが好きで忙しい毎日を過ごしていたので、日本での生活とは違った毎日が送れるかもと思ったのです。

スウェーデンでは、ルンド大学の各国からの留学生が所属する学部で、1年間を過ごしました。授業は、まずはスウェーデン語。スウェーデン語を話す先生から学ぶという、なかなかのスパルタでしたが、それこそが言語がうまくなるコツなんだなぁと思いました。
私は自分なりの目標を決めることが多く、留学中は「英語でなにかを学びたい」と思っていました。スウェーデン語以外の授業は英語で行われるため、この時点で目標は達成。なので、楽しそうだなと感じたスウェーデンの文化や音楽の歴史を学んでいました。

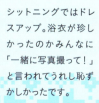
シットニングではドレスアップ。浴衣が珍しかったのかみんなに「一緒に写真撮って！」と言われてうれし恥ずかしかったです。

学生クラブ「ネーション」ではみんなで料理を作って食べるイベントが。写真の「ハンバーガーナイト」はいつも満席の人気イベント。

Chokladbollar

チョコレートボウル

スウェーデンで子どもが初めて作るとされているお菓子。
包丁や火を使わずにできるので、思い立ったらすぐ作ることができます。

Point

コーヒーではなく、ラム酒を加えるのもおすすめ。大人の味になります。

材料（作りやすい分量）

オートミール　　　　80g
バター　　　　　　　75g
グラニュー糖　　　　110g
コーヒー　　　　　　大さじ1
ココア　　　　　　　大さじ1 ½
ココナッツファイン　適量

下準備

バターは常温に戻しておく。

作り方

1　ボウルにバターとグラニュー糖を入れ、ゴムベラで混ぜて馴染ませる。
2　オートミール、ココア、コーヒーを加えて混ぜる。
3　まとまってきたら、食べやすい大きさになるよう手で丸める。
4　ココナッツファインを全体にまぶす。

Toscakaka

アーモンドのスティックケーキ

表面のアーモンドキャラメルがコーヒーにぴったり。
お店では、切り落とした端っこがスタッフみんなのおやつに。食べるのが楽しみです。

Point

トスカは、煮立ってバターが溶けるくらいまで加熱します。焦がさなくてOK。

材料（24cmスクエア型1台）

		〈トスカ〉	
卵	3個	スライスアーモンド	60g
小麦粉	150g	グラニュー糖	100g
グラニュー糖	150g	バター	60g
溶かしバター	75g	生クリーム	25g
ベーキングパウダー	4g		
塩	1g		

下準備

スクエア型にオーブンシートを敷いておく。
オーブンは170度に予熱しておく。
ケーキ生地のバター75gは溶かしておく。

作り方

1 ボウルに卵、グラニュー糖を入れ、ハンドミキサーで白っぽくなるまで混ぜる。
2 小麦粉、ベーキングパウダー、塩をふるい入れてゴムベラで混ぜる。
3 溶かしバターを加えてさらに混ぜる。型に流し込み、170度に温めたオーブンで14分焼く。
4 トスカを作る。材料をすべて小鍋に入れて中火にかけ、煮立たせる。
5 焼き上がったケーキに4を塗るように重ね、220度に温めたオーブンで6分焼く。

Kladdkaka

濃厚チョコレートケーキ

スウェーデンで初めて作ったとき、「お砂糖がこんなに入るんだ!」とびっくりしたお菓子。
しっとりした濃厚な食感は砂糖が大事なので、ぜひこのままの分量で作ってみてください。

Point

マフィンカップには、絞り袋を使って流し入れると均等に、きれいに仕上がります。

材料（直径7cm×高さ3cmのマフィンカップ7個分）

小麦粉	45g
ココア	30g
グラニュー糖	135g
溶かしバター	100g
卵	1 ½個分
カルダモンパウダー	1.5g
岩塩	適量

下準備

オーブンは175度に予熱しておく。
バター100gは溶かしておく。

作り方

1　ボウルに溶かしバター、ココア、グラニュー糖を入れてホイッパーで混ぜる。
2　卵を加えて混ぜ、小麦粉、カルダモンパウダーを順に加えてさらに混ぜる。
3　マフィンカップに均等に流し入れる（カップ1個当たり約70gが目安）。
4　岩塩をひとつまみずつ振りかけ、175度に温めたオーブンで15分焼く。

Morotskaka

キャロットケーキ

FIKAFABRIKENオープン当初から作っている思い入れのあるお菓子。スパイスはシナモンだけを使用し、シンプルで飽きのこない味わいに仕上げています。
お好みでくるみを入れてもおいしいです。

Point

にんじんは、チーズグレーター（おろし器）を使っておろすのがおすすめ。ほどよい薄さで均一に仕上がります。

材料（18cmケーキ型1台分）

		A		〈フロスティング〉	
卵	2個	準強力粉	120g	クリームチーズ	75g
グラニュー糖	65g	シナモンパウダー	3g	バター	25g
サラダ油	120g	ベーキングパウダー	2g	粉糖	15g
にんじん	75～80g	重曹	4g	レモン汁	小さじ1
レーズン	45g	塩	1g		

下準備

Aは合わせてふるっておく。
オーブンは170度に予熱しておく。
クリームチーズ、バターは常温に戻しておく。
ケーキ型にサラダ油（分量外）を塗っておく。

作り方

1　にんじんはすりおろす。
2　ボウルにサラダ油、グラニュー糖、卵を入れて、ホイッパーで混ぜる。
3　ふるっておいたAを入れて混ぜ、レーズン、1のにんじんを加えてさらに混ぜる。
4　型に流し入れ、170度に温めたオーブンで40分焼く。
5　フロスティングを作る。クリームチーズとバターはゴムベラで柔らかくし、粉糖、レモン汁を加えて混ぜ合わせる。
6　4の粗熱がとれたら型から外す。表面に5のフロスティングをペティナイフなどで塗り広げる。

Column 2
スウェーデンでの暮らし

スウェーデンで初めて訪れたカフェ。夜遅くまで営業していたので、授業後にみんなで集まることが多かったです。

留学中は朝7時に起きて、学校近くのカフェでゆっくりしてから向かうのがお気に入りのルーティーン。夜は寮の共用部にある厨房みたいに立派なキッチンで自炊し、みんなと一緒に食べていました。

週末の楽しみは、ヨーロッパへの旅行。格安航空券を使ってスペインやイギリスなど10カ国以上に行きました。パン屋さんやカフェ巡りをしたり、美術館や劇場へ行ったり。
ルンドにいる時もよくカフェへ行きました。今思うとたくさん遊んだなと思いますが、「授業も大事だけど、この国での生活を大切にしよう」と決めていたので、めいっぱい楽しみました。

日本語学科で学ぶスウェーデンの方たちとも仲良くなりました。特に日本語がペラペラで、お菓子づくりが得意なニックとアダムとは、よく一緒にお菓子づくりや料理をしました。ニックが教えてくれたスウェーデンの伝統菓子「ソッケルカーカ」に、日本から持って行った抹茶をまぜてアレンジしたら、みんながおいしいと喜んでくれたことも。

あとルンド大学には「ネーション」と呼ばれる学生クラブがあり、「ブランチの日」「パブの日」などのイベントが不定期で開催されていました。みんなで料理して食べるというものです。

参加するとレシピが配られるので、それに沿って料理を作ります。レシピはなんとスウェーデン語！ ですが、ニックとのお菓子づくりを通じて、「砂糖」とか「混ぜる」といったレシピ特有の用語は知っていたのと、もともとカフェのアルバイトで料理やお菓子を作るのは慣れていたので、とても楽しんで参加していました。お菓子づくりを通じて、スウェーデン人や他の留学生と知り合ったり交流を深めていったり、という感じです。

留学中はお菓子づくりの本ばかり読んでいました。よく読んでいたのは、多くのスウェーデン人が持っているという『7種類のお菓子』。クラシカルな家庭おやつが載っていて、今でも新しいお菓子を作る時などに読み返しています。

長い冬が終わり、街全体が明るくなってきた春のルンド。大学構内にある噴水がきれいで好きでした。

スウェーデンでは「シナモンロールの日」などお菓子の日が決められていました。この時は2月の「セムラの日」に合わせてセムラづくり。

FIKAFABRIKENの名前をつけてくれたマリアと一緒に、セムラに使うパンを手づくり。寮のキッチンが広くてお気に入り。

寮のみんなでヨーグルトやグラノーラを買って食べ比べ。スウェーデンの食べ物はパッケージがかわいい!

アダムや日本語学科の人たちとピクニックFIKAした時は、ジャムクッキーを制作。皮のまま食べられるブドウはみんなが大好きなおやつです。

暖かくなってきたのでお庭でFIKA。中央の抹茶パンケーキを作りました。手前はスウェーデンのチョコレートケーキ「クラッドカーカ」。

「FIKA」を初めて知ったのは、留学先を探している時に読んだ先輩方の体験記。「FIKAが楽しい」と書かれており、なんだろうと気になりました。また、先輩からは「Ska vi FIKA?(スカ ヴィ フィーカ？)」は絶対覚えておいたほうがいい、と聞きました。「FIKAをしませんか？」という意味で、スウェーデン人がよく口にするフレーズです。

スウェーデン人は、仲良くなるためにいきなり夜ごはんには行かないそうです。まずはFIKAをしてから。FIKAは誰かと飲み物があれば成立します。カフェだけではなく、木陰で、キッチンの片隅で、とカジュアルに楽しむのだとか。職場でも行われるなど、人々の日常に組み込まれているのです。

私の初めてのFIKAは大学で。ある日、大学のカフェテラスで博多弁の本を読んでいるスウェーデン人の男性がいました。しかも甚平を着て！ 日本人に話しかけてほしいと言わんばかりのその姿に、勇気を出して話しかけてみました。じつはこの人がアダムで、今は一緒にお店をしている従業員でもあります。街案内をしてくれたあと初FIKAをしました。

そのあとは、FIKAを毎日していました！ 授業ではグループを組むことが多かったのですが、グループが決まるとまずはFIKAへ。少しプライベートな部分に触れることで、次の授業の時には打ち解けて、スムーズに作業を進められたのです。FIKAをすることで人となりがわかり、安心できたからだと思います。

Kanelbulle

シナモンロール

スウェーデンを代表する甘いパンで、コーヒーとの相性が抜群です。バターとシナモンをたっぷり巻き込んで焼いてください。

Point

成形したあとに中央を押しつぶすと、「コルヴァプースティ」(平打ちされた耳)と呼ばれるフィンランド風の見た目に仕上がります。

Kardemummabulle

カルダモンロール

Point

スウェーデンに行ったら、まずはじめに食べるのがカルダモンロール。
爽やかな香りとバターの甘さの組み合わせが最高です。
現地ではベーカリーに必ず並んでいます。

カルダモンは、パウダータイプも販売されていますが、お店では手で殻をむいて、中の種子をクロック（すり鉢）ですりつぶして使用しています。

材料（作りやすい分量／約8〜12個分）

〈パン生地〉
準強力粉	425g
グラニュー糖	70g
塩	1g
カルダモンシード	小さじ1
卵	½個分
ドライイースト	7g
牛乳	250g
バター	75g

〈シナモンロールフィリング〉
バター	45g
グラニュー糖	75g
シナモンパウダー	小さじ2

〈シナモンロール仕上げ〉
溶き卵	適量
パールシュガー	適量

〈カルダモンロールフィリング〉
バター	45g
グラニュー糖	75g

下準備

カルダモンは殻をむいて、すり鉢などですりつぶす。牛乳は電子レンジで1分半（600W）加熱し、37度を目安に温めたら、ドライイーストを加えてなじませる。

1 卵を溶きほぐし、グラニュー糖、塩、すりつぶしたカルダモン、ドライイースト入りの牛乳を加えて混ぜる。
2 ボウルに準強力粉、バターを入れ、1を注いでゴムベラで混ぜ合わせる。
3 まとまってきたら台に出し、生地の表面がつるんとするまで手でこねる。べとつく場合は小麦粉（分量外）を打ち粉として使用する。
4 生地を丸めてボウルに戻し、ラップをして1時間ほど発酵させる。生地の大きさが2倍になるのが目安。
5 発酵した生地を台に出し、空気を抜いたら30×60cmの長方形になるように伸ばす。
6 右のページを参考に成形し、オーブンペーパーを敷いた天板に並べる。
7 二次発酵で15分おく。
8 溶き卵を塗り、シナモンロールは、パールシュガーをかける。オーブンを200度に温め、10分焼く（5分経ったら天板の向きを変える）。

▽

▽

成形にチャレンジ！

本書では、2通りの成形方法を紹介しています。
簡単に本格的な見た目になるので、楽しくチャレンジしてみてください。

〈シナモンロール〉
渦巻き型

1. 柔らかくしたバターにグラニュー糖、シナモンパウダーを合わせ、シナモンロールフィリングを作る。
2. 左ページの5で伸ばした生地にシナモンロールフィリングをまんべんなく塗り、手前から巻き始める。
3. 巻き終わりは指でつまんでしっかり綴じる。包丁で2等分し、そこからさらに4〜5等分する。オーブンペーパーを敷いた天板に、切り口が上になるように並べる。

  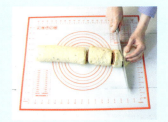

〈カルダモンロール〉
ねじり巻き型

1. 柔らかくしたバターにグラニュー糖を合わせ、カルダモンロールフィリングを作る。左ページの5で伸ばした生地の手前半分に塗り広げたら、生地を手前から奥にたたむ。
2. 包丁で12等分にカットする。
3. 左右を持って違う方向にねじる。
4. どちらか片方を軸にして時計回りに巻き、巻き終わりをくっつける。

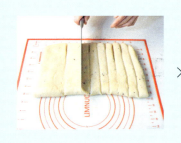  

Semla

セムラ

スウェーデンの春を告げる、伝統的なお菓子。2月になるとたくさんお店に並びます。
留学先の学生クラブの集まりでは、みんなで作った思い出も。
濃厚だけどさっぱりとした味わいです。

生地の材料（約12個分）

準強力粉	480g	牛乳	258g
カルダモンシード	小さじ1	グラニュー糖	90g
ドライイースト	10g	卵	1個
バター	100g	塩	2g
		溶き卵	適量

下準備

卵は常温に戻しておく。
カルダモンは殻をむいて、すり鉢などですりつぶす。
牛乳は電子レンジで1分半（600W）加熱し、37度を目安に温めたら、ドライイーストを加えてなじませる。

パン生地を作る

1　卵を溶きほぐし、グラニュー糖、塩、すりつぶしたカルダモン、ドライイースト入りの牛乳を加えて混ぜる。
2　ボウルに準強力粉、バターを入れ、1を注いでゴムベラで混ぜ合わせる。
3　生地がまとまってきたら台に出し、生地の表面がつるんとするまで手でこねる。べとつく場合は小麦粉（分量外）を打ち粉として使用する。
4　生地を丸めてボウルに戻し、ラップをして1時間ほど発酵させる。生地の大きさが2倍になるのが目安。
5　1個70gを目安に丸め、綴じ目を下にしてオーブンペーパーを敷いた天板に並べる。
6　オーブンを200度に温め、溶き卵を塗って10分焼く（5分経ったら天板の向きを変える）。焼けたら粗熱をとる。

フィリングの材料（約12個分）

〈アーモンドクリーム〉

アーモンドパウダー	80g
グラニュー糖	180g
塩	1g
牛乳（固さ調整用）	30〜40g

〈ホイップクリーム（作りやすい分量）〉

生クリーム	200g
グラニュー糖	10g

フィリングを作る〜仕上げ

7　アーモンドクリームを作る。ボウルにアーモンドパウダー、グラニュー糖、塩を加えて混ぜる。牛乳を少しずつ加えながら、絞れるくらいの柔らかさになるよう調節したら、絞り袋に入れる。

8　ホイップクリームを作る。材料をハンドミキサーで泡立て、同様に絞り袋に入れる。

9　6のパンの上部を切り落とし、アーモンドクリーム、ホイップクリームの順に絞る。切り落とした上部をのせ、好みで粉糖（分量外）を上からふるう。

セムラのアレンジ
semla arrangemang

セムラの帽子の形を変えると、とてもかわいくなります。包丁で切って三角形にしたり、クッキーの型を使ってハートにしたり。好みのアレンジを加えてみてください。

セムラには、牛乳を注ぐという食べ方もあります。ひたひたになった柔らかな生地を、スプーンですくって食べるのがおいしいといいます。
私は牛乳があまり得意ではないので、試したことはないのですが……ぜひチャレンジしてみてください。

国民的スイーツ「セムラ」はいつ食べるの？

セムラは、キリスト教のイースター（復活祭）の前に食べるお菓子です。1月から店頭に並び始め、イースターまでの期間、あらゆるお店で食べられます。

昔はイースターの始まる前に長期間の断食を行っていたとされ、断食前の火曜日「Fettisdagn」（脂肪の火曜日）に食べる栄養価の高いお菓子がセムラでした。現代では「Fettisdagn」は「セムラの日」として、セムラを食べる風習が残っています。日本ではIKEAなどで食べることができますが、ぜひ手づくりしてみてくださいね。

Column 3
わたしのスウェーデン観光案内

セーデルマルムにある展望台。ストックホルムのガムラスタンを一望できるお気に入りスポットです。

緑と水辺が美しい場所に出合えることが、スウェーデンを好きな理由のひとつ。

スウェーデンは公園の木々の緑に美しい湖と"キラキラ"がたくさんある国だなぁと感じています。緑がほどよく豊かで、駅前などの賑やかな場所でも過ごしやすい、お散歩するのにとても楽しい街です。

首都ストックホルムは、古い建物と石畳の街並みが魅力。人気の観光地「ガムラスタン（Gamla stan）」エリアは、カラフルな古い建物が立ち並んでいて小径に迷い込むのが楽しいです。私が最近よく行くのは「ヴァーサスタン（Vasastan）」。治安がよく、おしゃれなお店が多い、大人におすすめのエリアです。

大学があったルンドは、ストックホルムから飛行機で1時間ほど。自転車で15分ほどで回れるコンパクトな街で、中央駅の改札を出るとシナモンロールの香りが漂ってきます（駅のキオスクで焼かれています！）。

Lund

Lunds stadsbibliotek
ルンド市立図書館

ニックとよく通っていた図書館。食堂のシナモンロールが大きくて安く、おいしかったのでお気に入り。よくFIKAをしました。

Lunds domkyrka
ルンド大聖堂

街のシンボル的存在。一歩足を踏み入れると、荘厳で非日常的な空間が広がります。定刻に鳴る時計やステンドグラスに注目を。

Klostergatan
クロスター通り

ルンド大聖堂に続く通り（スウェーデン語で"gatan"はストリートの意味）。Broder Jakobsなど好きなお店が集まっています。

Broder Jakobs Stenugnsbageri

ルンド大聖堂に続く通り・Klostergatan沿いにあり、カルダモンロールに出合ったパン屋さん。石積みの外観や内観、看板の文字までかわいい！お気に入りは窓際の席。

Syster Jakobs GLASS o KONFEKTYR

Broder Jakobsが始めたアイスクリーム屋さん。チョコスプレーなどトッピングがひとつつくのですが、この時はアラザンっぽいラムネのようなものをたっぷりかけてもらいました。

Ramklints Konditori Eftr AB

大学生の時に通っていた「KONDITORI」（パティスリーとカフェとプチレストランが合体したようなお店）。プリンセスケーキやシナモンロールなどを楽しみました。

Stockholm

Monteliusvägen
ストックホルム市庁舎から見た展望台の眺めがお気に入り。キラキラの水辺、それに緑の景色も合わさっているのがスウェーデンらしくて好きです。

Standout Coffee AB
現地の方に紹介してもらった、浜辺近くのロースタリー。浅煎りの華やかな香りが楽しいコーヒーがメインです。FIKAFABRIKENでお出ししていますが、日本で飲めるところはごくわずかです。

Vasaparken
Vasastanにある緑豊かな大きな公園。みんながFIKAするような広場や遊具があります。私の息子も大好きで毎日のように行きました。

Lillebrors bageri
カルダモンロールがダントツにおいしいベーカリー。いろんなお店を食べ歩きましたが、このカルダモンロールは「飲める」おいしさです。

Loppis
夏にあちこちの広場で開催される蚤の市のこと。所せましとお皿が並んでいて、ついたくさん買っちゃいます。Karlaplanという広場で開催されるLoppisが好きでした。

Café Pascal
いつ行っても賑わっているカフェ。ペイストリーやランチ、コーヒーなど全部おいしくて、どの時間帯に行っても楽しめます。お店の内観がとても好みで、FIKAFABRIKENの壁の色を青にしたのも、ここの影響です。なんともいえない水色がキレイ。最近自家焙煎を始めたので今後も楽しみです。

SNÖ

Vasaparkenの向かいにある、ローカルに人気のアイスクリーム屋さん。ローズマリーと塩キャラメルなど、大人も楽しめるフレーバーが揃います。人気フレーバーは売り切れてしまうので、早めに行くのがおすすめ。

Volca Coffee Roaster

クングスホルメン島に比較的最近できたコーヒーショップ。現地の友人に教えてもらい、キャロットケーキを食べました。

STORA Bageriet

青が基調のロゴがアイコニックでかわいいベーカリー。ここのカルダモンロールは、息子の一番のお気に入りです。

Gamla stan

人気の観光エリアなので多くの人で賑わいます。古い建物がかわいい。ワクワクするような小径がたくさん。写真を撮るのが楽しい街です。

Max Burgers

ローカルに大人気の、スウェーデンのハンバーガーチェーン店。地元の食材を使ったポテトやバーガーを食べられますが、おすすめはサツマイモのポテト。ほんのり甘くて息子もお気に入りです。

LUCA - PIZZA NAPOLETANA

たまたま見つけたピザ屋さん。一枚が大きく、ピスタチオとハムのピザがおいしいです。予約してから行くのがおすすめ。

Part 2

スウェーデンを知るお菓子

ここからは、
現地の雰囲気や文化を楽しめる
本格的なお菓子のレシピを
ご紹介します。

Prinsesstårta

プリンセスケーキ

見た目がとてもかわいらしい「プリンセスケーキ」は、ジャムとカスタード、生クリームのバランスがポイントです。マジパンは薄く伸ばすと甘すぎず、さっぱりとした味わいになります。

材料（18cmケーキ型1台分）

卵	2個分	〈ホイップクリーム〉		〈カスタード（作りやすい分量）〉	
小麦粉	90g	生クリーム	150g	牛乳	400g
片栗粉	60g	グラニュー糖	15g	卵黄	3個分
ベーキングパウダー	10g			グラニュー糖	70g
グラニュー糖	180g			小麦粉	30g

〈デコレーション〉

マジパン	120g
ピンクのアイシングジェル	適量
ラズベリージャム	30g

下準備

ケーキ型にオーブンシートを敷いておく。
オーブンは170度に予熱しておく。

作り方

スポンジ生地を作る

1 ボウルに卵、グラニュー糖を入れ、ホイッパーで白っぽくなるまで混ぜる。
2 小麦粉、片栗粉、ベーキングパウダーをふるい入れ、ゴムベラで切るように混ぜる。
3 湯100g（分量外）を2〜3回に分けて加え混ぜる。
4 型に流し入れ、170度に熱したオーブンで40分焼き、さます。

ホイップクリームを作る

1 ボウルに生クリーム、グラニュー糖を入れてハンドミキサーで泡立てる。
2 七分立てまで泡立てたら、冷蔵庫で冷やしておく。

カスタードクリームを作る

1　小鍋に牛乳を入れて中火にかけ、沸騰直前まで温める。
2　ボウルに卵黄、グラニュー糖、小麦粉を順に加え、ハンドミキサーで白っぽくなるまで混ぜる。
3　ボウルに1の牛乳を加えて混ぜ、小鍋に戻す。弱火にかけ、底が焦げないようにゴムベラで混ぜ続ける。プクッと気泡が出てきたら火からおろすサイン。
4　バットに移し入れたら、気泡が入らないようぴったりとラップをかける。氷水を入れたバットを当てて冷やしておく。

マジパンを着色する

1　マジパンは練って柔らかくする。
2　アイシングジェルをマジパンに少量つけ、色味を調整しながらピンク色にする。
3　直径約25cmの円になるように薄く伸ばす。

組み立てる

1　スポンジ生地は3枚にスライスする。カスタードは50gとり、柔らかくしておく。
2　スポンジ1枚にラズベリージャムを塗り、2枚目のスポンジを上から重ねる。
3　さらにカスタードを塗り、3枚目のスポンジを上から重ねる。
4　上から全体的にホイップクリームを塗り、ドーム型にする。
5　薄く伸ばしたマジパンを上からのせ、ぴったりと密着させる。余った部分は切り落とす。

2 sorters Bikarbonatbröd

2種のソーダブレッド

Point

発酵なしで作れるので、パンが食べたい！ と思ったら、すぐ作れます。家に余っているドライフルーツやナッツを自由に入れてもOK。

ジャムは酸味のあるものだったら代用可能。このレシピではブルーベリージャムを使っていますが、アプリコットジャムもおすすめです！

全粒粉ver

材料（18.5×9.5×9cmの食パン型1個分）

A	小麦粉	180g	ヨーグルト	450g
	全粒粉	120g	ブルーベリージャム	120g
	オートミール	80g	くるみ	50g
	重曹	8g	レーズン	50g
	塩	小さじ1		

作り方

1　ボウルにAを入れて混ぜる。
2　ヨーグルト、ブルーベリージャムを加えて混ぜる。
3　くるみ、レーズンを加えて混ぜたら、食パン型に流し入れる。
4　175度に温めたオーブンで1時間焼く。

ライ麦ver

材料（18.5×9.5×9cmの食パン型1個分）

A	小麦粉	180g	ヨーグルト	450g
	ライ麦粉	120g	ブルーベリージャム	120g
	オートミール	80g	ハチミツ	20g
	重曹	8g		
	塩	小さじ1		

作り方

1　ボウルにAを入れて混ぜる。
2　ヨーグルト、ブルーベリージャム、ハチミツを加えて混ぜる。
3　食パン型に流し入れ、175度に温めたオーブンで1時間焼く。

ソーダブレッドを楽しむアイデア

イーストではなくソーダ（重曹）でふくらませるソーダブレッドは、こねずに混ぜるだけで、発酵も不要。簡単に作ることができます。
薄くスライスして具材を乗せれば、デンマークの伝統的なオープンサンド「スモーブロー」のようにも。おすすめのアイデアを紹介します。

スモークサーモンをのせてディルを添えれば、華やかな見た目に。レモン汁をかけたり、ケッパーをのせたりするのもおすすめです。

アボカドにはペッパーとオリーブオイル。レバーパテを塗ったら、アクセントにピクルスを散らして。ヨーグルトとジャムは、おやつ感覚でも楽しめます。

Rabarberpaj

ルバーブのパイ

西洋フキとも呼ばれる「ルバーブ」を使った、スウェーデンの夏といえば！ のお菓子。
一度にたくさんできるので、大人数集まる時はよく作っていました。
アイスクリームは忘れずに。

Point

冷凍品が通販などで手軽に入手できますが、フレッシュなものが売っていれば、ぜひ試してみてください。

材料（グラタン皿1つ分）

ルバーブ	500g
シナモン	小さじ1
グラニュー糖	大さじ4
オートミール	60g
小麦粉	90g
グラニュー糖	45g
バター	125g

下準備

オーブンは225度に予熱しておく。

作り方

1　グラタン皿にひと口大にカットしたルバーブ、シナモン、グラニュー糖を入れ、混ぜ合わせる。
2　クランブルを作る。ボウルに残りの材料をすべて入れ、カードや手でなじませて、そぼろ状にする。
3　クランブルを1の上にのせ、225度に熱したオーブンで20分焼く。
4　皿に取り分け、アイスクリーム（分量外）を添えていただく。

∨

∨

∨

Hallonkaka
ラズベリーマフィン

ラズベリーは、ブルーベリーに変え
てもおいしいです。
あまり混ぜすぎないくらいがふわふ
わに仕上がります。

Point

生地をカップに注ぐ
時、アイスクリームス
クープがあると、均等
に分けることができて
便利です。

材料（直径7cm×高さ3cmのマフィンカップ12個分）

溶かしバター	130g	A 準強力粉	240g
グラニュー糖	180g	ベーキングパウダー	9g
卵	2個	カルダモンパウダー	小さじ1
牛乳	150g		
ラズベリー	100g		

下準備

バター130gは溶かしておく。
オーブンは180度に予熱しておく。

作り方

1　ボウルに溶かしバターとグラニュー糖を入れ、ホイッパーで混ぜる。
2　卵をひとつずつ加えて混ぜる。牛乳を半量入れ、ホイッパーで混ぜる。
3　ふるったAを加えて混ぜ、ラズベリー、残りの牛乳を加えてゴムベラでさらに混ぜる。
4　マフィンカップに等分し、180度に温めたオーブンで30分焼く。

Column 4
FIKAFABRIKENができるまで

アルバイトしていた北欧料理店「リラ・ダーラナ」では月1回間借りカフェを開きました。この時のメニューはセムラ。

年に数回出店していた「青山ファーマーズマーケット」。ここでお菓子を売る楽しさを知りました。

2013年スウェーデン大使館にて。初めてのケータリングでワクワクしました。大使館の方たちとは今でも交流があります。

　子どもの頃から、母とお菓子づくりをするのが好きでした。もっと自分で作りたいと思い、大学1年生の時に学生経営のカフェの商品企画チームに応募したところ、リーダーとなり、商品開発や有名企業の方との商談などを行うことに。趣味で作るのとお客様相手に作るのでは違うなぁと感じながら取り組んでいました。

　帰国後に、スウェーデンに携わることがしたいと考えていたら、ルンド大学への留学経験がある方の紹介で、六本木にある北欧料理店、リラ・ダーラナでアルバイトをすることになりました。そこではスウェーデン大使館にケータリングをしたり、お店の定休日に月1回間借りをして、スウェーデンのメニューを提供するカフェを開いたりしました。はじめの頃はなかなかお客さんがいませんでしたが。
　スウェーデンのお菓子を作りたいな、と思った理由のひとつ目は、老若男女が思い思いにくつろぐというスウェーデンのカフェ文化が私の理想とする光景だったこと。そしてFIKAの文化を広めたいなと思ったからです。ただ、文化という目に見えないものを広めるのは難しいので、私ができるお菓子づくりという切り口でFIKAを広げようと考えました。
　それを聞いたスウェーデンの友人・マリアが「FIKAFABRIKEN」という名前にしたら、と言ってくれたのが今のお店の始まりです。FIKAFABRIKEN、つまりFIKAを生み出す工場（FABRIKEN）になりたい、という願いを込めています。

リラ・ダーラナでアルバイトと間借りカフェを続けているうちに、2014年に知り合いの勧めで、青山ファーマーズマーケットで開催されるスウェーデンフェアに出店することになりました。これが初めてのお菓子販売です。夜な夜なお店が閉まる23時頃から厨房を借りて作り、梱包もして……。当日は完売し、お菓子を売る楽しさを感じました。この時のお菓子は、シナモンロールとキャロットケーキ、それにジャムクッキー。今もお店で販売している定番ラインナップです。

就活もしていましたが、この経験と、学生カフェのオーナーから「会社員を3年やってから……と言っている間に、誰かに先を越されたら悔しいよ」と言われてハッとして、FIKAFABRIKENを続けることにしました。

2016年12月、翌年2月には渋谷ヒカリエの催事に出店しました。楽しかったのですが、もう少し自分のペースで働きたいな、と思いました。加えて、対面で喜ぶお客様の顔が見たい、リピートの場を作りたいと思い、実店舗をもつことにしました。

店舗オープンに向けていろいろ試作をしていたところ。今も定番メニューのジャムクッキーなど、たくさん作りました。

ロゴマークは、青山ファーマーズマーケットで隣になったコーヒー屋さんのロゴを作られた方を紹介してもらい、できました。

オープニングパーティーの時。当時は入口にカウンターがなかったので、オープンカウンターのところにお菓子を並べていました。

お店の内装は、留学中やその後訪れたスウェーデンのカフェを参考に、色など細かいことを指定して造っていただきました。

母校に近い豪徳寺でたまたま今の物件が空き、2017年5月には契約、7月にオープンしました。それまでお菓子づくりは独学でしたが、「お店をもつなら学校で勉強したほうが自信になるんじゃない」と母に勧められ、オープンと同時期に料理学校「ル・コルドン・ブルー」に1年半通いました。お店をやると決めてから学校に通ったので、材料には何を使うか、材料や道具はどう保管するかなど、カフェの運営に必要なことをとことん見てマネしました。
当時はひとりで運営していたので、木・金・土と店を開け、日曜は学校、月・火・水と仕込みをする、週7フル稼働。大変でしたが、やりたいことだったので充実した日々でした。

お店の内装は、当時は奥のスペースだけを借りていたこともあり、明るく見えるように白を基調にしました。その後、商店街に通じる現在のカウンター部分もお借りし、通りを行き交う方とゆるやかなコミュニケーションが取れるような造りにしました。
カフェで使っている机は、大使館のイベントで仲良くなった建築家の津賀洋輔さんへのオーダー品。思えばありがたいことに「たまたま」のご縁がとても多く、ここまでこられたと思います。スーパーのレジのおばちゃんとも仲良くなったりするほど、仕事と関係がなくても少しずつ人と仲良くなるのが得意なのですが、その繰り返しで今があると思います。

Part 3

日本でスウェーデンを楽しむお菓子

最後に、
私のお店「FIKAFABRIKEN」で
人気のお菓子を紹介します。
遠方にお住まいの方にもぜひ一度
食べてもらいたい味なので、
おうちでカフェ気分を
味わってみてくださいね。

Svensk Scones
スウェーデン式スコーン

スウェーデンでは、丸いスコーンは見かけません。三角や四角に等分して焼くと本場っぽい見た目になります。

Point

成形時に手がベタベタする時は、少し水をつけて作業するとやりやすいです。

材料（4個分）

小麦粉	150g
ベーキングパウダー	4g
塩	1g
バター	25g
牛乳	100g

下準備

バター25gはサイコロ状にカットして冷やしておく。
オーブンは220度に予熱しておく。

作り方

1　ボウルに小麦粉、ベーキングパウダー、塩を入れる。バターを加え、粉となじむように手ですり合わせて混ぜる。
2　バターと粉が混ざりそぼろ状になったら牛乳を加え、手で混ぜてひとまとめにする。
3　台に出し、直径15cmの円になるように伸ばす。
4　カードや包丁で4等分の切り目を入れ、オーブンペーパーを敷いた天板にのせ、220度に温めたオーブンで10〜12分焼く。

Kardemumma tårta med choklad

チョコレートとカルダモンのケーキ

FIKAFABRIKENでバレンタインの時期に限定で販売しているチョコレートケーキ。
カルダモンとチョコレートガナッシュの濃厚な味わいが、寒い冬にぴったりです。

Point

ガナッシュクリームは分離すると、ボソボソとした見た目になってしまいます。生クリームとチョコレートをしっかり混ぜ合わせるのが大切です。

材料（21cmケーキ型1台分）

〈ケーキ生地〉
小麦粉	180g
きび砂糖	100g
グラニュー糖	200g
ココア	60g
ベーキングパウダー	4g
重曹	4g
塩	1g
カルダモンパウダー	2g

A
卵	2個
牛乳	175g
溶かしバター	75g
コーヒー液	エスプレッソまたはインスタントコーヒー40gに湯140g

〈ガナッシュ〉
生クリーム	300g
チョコレート	120g
グラニュー糖	12g

下準備　コーヒー液を作り、Aと合わせておく。ケーキ型にオーブンシートを敷いておく。
　　　　オーブンは170度に予熱しておく。

ケーキ生地を作る
1　ボウルに〈ケーキ生地〉の材料をふるい入れる。
2　合わせたAを注いで混ぜる。
3　型に入れ、170度に温めたオーブンで50～60分焼く。

ガナッシュを作る
4　ボウルにチョコレートを入れる。板チョコなど大きい場合は適宜割る。
5　小鍋に生クリーム、グラニュー糖を入れ、沸騰直前（80度目安）まで温める。火からおろし、4に2回に分けて加えて混ぜ、生クリームと乳化させる。
6　バットに移し、空気が入らないようにぴったりとラップをかけて冷蔵庫で冷やす。

仕上げ
7　粗熱をとったケーキ生地を型から外し、2枚にスライスする。ガナッシュはホイッパーで泡立て、塗りやすい硬さに調整する。
8　スポンジ生地1枚にガナッシュを適量塗り、もう1枚の生地を重ねる。
9　ケーキの表面と側面にもガナッシュを塗って仕上げる。最後にペティナイフをケーキの上部中央にあて、皿のほうを回しながら渦巻きのような模様をつける。ケーキを回転台の上にのせて行うとスムーズ。

Tekaka med aprikos sylt

紅茶とアプリコットのケーキ

卒業したスタッフと一緒に考えた思い出深いレシピ。
食べるたびにお店ができた頃が懐かしくなる、店主が大好きなケーキです。

Point

紅茶茶葉は、市販のティーバッグでOK。大きな粒子はすり鉢などですりつぶしてから使うと口の中でパサパサしません。

材料（18cmケーキ型1台分）

卵	3個	〈デコレーション〉	
グラニュー糖	150g	アプリコットジャム	適量
準強力粉	130g	ホワイトチョコレート	80g
アーモンドパウダー	20g	ピスタチオ	適量
紅茶茶葉	3g		
ベーキングパウダー	3g		
溶かしバター	125g		

下準備

バター125gは溶かしておく。
ケーキ型にオーブンシートを敷いておく。
オーブンを170度に予熱しておく。

生地を作る

1　ボウルに卵とグラニュー糖を入れ、白っぽくなるまでハンドミキサーで混ぜる。
2　準強力粉、アーモンドパウダー、紅茶茶葉、ベーキングパウダーをふるい入れてゴムベラでさっくりと混ぜる。
3　溶かしバターを2〜3回に分けて混ぜ、型に流し入れる。
4　170度に温めたオーブンで35〜40分焼く。

仕上げる

5　粗熱をとった生地を型から外し、半分にスライスする。
6　1枚にアプリコットジャムを塗り、もう1枚を上から重ねる。
7　ホワイトチョコレートを溶かして、ケーキの表面に塗り、刻んだピスタチオを散らす。

Mjuk pepparkaka

クリスマスのスパイスケーキ

スパイスクッキーをそのままケーキにした、混ぜるだけの簡単レシピ。好みで型を変えるのもおすすめです。

Point

卵や生クリームは使う前に常温に戻しておくと、生地がよりなめらかになります。

材料（18.5×9.5×9.0cmの食パン型1個分）

卵	2個	シナモンパウダー	5g
グラニュー糖	170g	ジンジャーパウダー	3g
ブラウンシュガー	80g	カルダモンパウダー	3g
準強力粉	200g	クローブパウダー	3g
ベーキングパウダー	9g	クランベリー	60g
		生クリーム	100g
		溶かしバター	125g

下準備

粉類はふるっておく。

バター125gは溶かしておく。

食パン型にオーブンペーパーを敷いておく。

オーブンは175度に予熱しておく。

作り方

1　ボウルに卵、グラニュー糖、ブラウンシュガーを入れて、ハンドミキサーで白っぽくなるまで混ぜる。
2　準強力粉とベーキングパウダー、スパイス、クランベリーを加えてゴムベラでさっくりと混ぜる。
3　生クリームを加えて混ぜ、さらに溶かしバターを加えて混ぜる。
4　食パン型に流し入れ、ゴムベラで平らにならす。
5　175度に温めたオーブンで50～60分焼く。

Chokladbrownie

チョコレートブラウニー

コーヒーとの相性が抜群のお菓子。持ち運びしやすいので、ピクニックなどに持っていくのもおすすめ。

Point

2種類のチョコレートを使っています。完全に溶けずに残るので、いい食感と味のアクセントになります。

材料（24cmスクエア型1台分）

小麦粉	145g
溶かしバター	250g
グラニュー糖	420g
ココア	90g
卵	180g
塩	1g
ダークチョコレート	90g
ホワイトチョコレート	90g
エスプレッソまたは インスタントコーヒー	40g

下準備

バター250gは溶かしておく。
スクエア型にオーブンペーパーを敷いておく。
オーブンを170度に予熱しておく。

作り方

1　ボウルに溶かしバター、グラニュー糖、ココアを入れて混ぜる。
2　卵を加えて混ぜる。
3　小麦粉、塩をふるいながら加え、ゴムベラで混ぜる。
4　エスプレッソを加えて混ぜ、チョコレート2種を加えて混ぜる。
5　型に流し入れ、170度に温めたオーブンで40分ほど焼く。

Column 5

さぁ、FIKAを楽しもう！

飲み物と誰かがいれば成り立つ、FIKA。息抜きの場でもあり、コミュニケーションの場でもあるFIKAを楽しむコツをご紹介します。

FIKAをする時はリラックスして、今悩んでいることから離れましょう。場所はカフェでも、テイクアウトして公園でも。形式にこだわらずに楽しめるのがFIKAのよさです。

飲み物と食べ物はぜひテンションが上がる組合せで。私はシナモンロールとブラックコーヒーがあれば幸せです。特別なものは必要ないですが、かわいいナプキンがあれば気分が上がります！

この本に載っているお菓子を作ったことをきっかけに、誰かとFIKAをして、あなた自身がFIKAの工場（FIKAFABRIKEN）になってくれたら嬉しいです。

おわりに

FIKAFABRIKENがオープンしてから早いもので8年目に突入しました。
いつかスウェーデンの魅力を紹介できるような本を出したいとずっと願っていたので、このような機会をいただくことができてまだ信じられない気持ちです。
スウェーデンのことを何も知らずに、知らない世界に飛び込んでみよう！と決心した当時20歳の自分に今の環境を伝えたらきっととても驚くことでしょう。

お店を開いてから、想像していなかったような楽しいこと、頭を悩ませることが本当にたくさんありましたが、そのような目まぐるしい日々を送るなかで「FIKAの時間」は大切に過ごしてきました。
おいしいお菓子とコーヒーと共に、自分の時間をゆっくりとることで自分はどうしたいのか、何に悩んでいるかなど気づくことができました。
結婚、出産した今は、家族でFIKAの時間をとるようにしています。

お菓子を作るというのは、作業に集中することで思考がクリアになる大好きな時間です。
この本を手にとってくださった方々がお菓子を作りたい時はもちろん、落ち込んだ時や元気を出したい時にもこの本を頼りにしてくれると嬉しいです。
スウェーデンに行く機会があれば、ぜひこの本も一緒に持っていってくださいね。

FIKAFABRIKEN
小原愛

FIKAFABRIKEN
Swedish Coffee and cake,cookies

Tokyo

東京都世田谷区豪徳寺1丁目22-3
11:00 - 18:00（夏季変動あり）
不定休
:octicons-mark-github-16: _fikafabriken_

Hong Kong

Shop 6, G/F, Island Crest, 8 First Street,
Sai Ying Pun, Sai Ying Pun, Hong Kong
OPEN：Mon.- Sun. 9:00 -19:00
☎ 6828-8963
:octicons-mark-github-16: fikafabriken.hk

torpet
Swedish bakery

東京都小平市たかの台38-5
11:00 - 17:00（変動あり）
不定休
:octicons-mark-github-16: torpet_bakery

BACKEN
Swedish pastry&coffee

東京都国分寺市南町3-1-33
平日 10:00 - 17:00 / 土・日・祝 9:00 -18:00
月曜・火曜定休
:octicons-mark-github-16: backen_kokubunji

イベント等で営業時間の変動がございます。各店の最新の営業情報はInstagramをご確認ください。

FIKAFABRIKENのお菓子が楽しめるお店

KIELO COFFEE

東京都台東区台東1-29-4 第一共和ビル1F
☎ 03-6284-4724
8:00 - 19:00 ／ 無休
◎ kielocoffee
取り扱い商品：シナモンロール

> オーナー・吉池さんとは経営者仲間です。これからも切磋琢磨していきましょう。

Raw sugar roast

東京都世田谷区宮坂3丁目9-4
☎ 03-6413-5057
8:00 - 18:00 ／ 無休
◎ rawsugar_roast
取り扱い商品：シナモンロール、バナナケーキ

> バリスタさんが好みのコーヒーを淹れてくれる素敵な空間です。

grass

東京都世田谷区北沢2丁目21-22 2F
☎ 03-6284-4724
9:00 - 21:00 ／ 不定休
◎ grass_shimokitazawa
取り扱い商品：シナモンロール、バナナケーキ

> バタートーストで朝食をとりつつ、ここで作業するのが大好きです。

amber

東京都世田谷区奥沢5丁目42-3
トレインチ自由が丘 2F
9:00 - 21:00 ／ 不定休
◎ amber_jiyugaoka
取り扱い商品：シナモンロール

> グレーを基調としたおしゃれな空間。子連れでも行きやすくて嬉しいです。

実店舗やオンラインショップ以外で、FIKAFABRIKENのお菓子を扱っているお店を紹介します。
最新の営業情報はInstagramをご確認ください。

WR.
東京都目黒区鷹番3丁目5-7 MT357 1F
8:30 - 22:30 / 無休
◉ wr.gakudai
取り扱い商品：キャロットケーキ、マフィン、
　　　　　　　バナナケーキ

> かっこいい店内で、コーヒーはもちろんビールも飲めます！

イタヤカフェ
東京都杉並区松ノ木2丁目19-28
☎ 03-3315-9580
11:30 - 17:00 / 木曜・日曜定休
◉ itayacafe
取り扱い商品：クッキー

> お茶目なオーナー・板谷さんと話すといつも元気をもらいます。

TRUNK COFFEE 高岳本店
愛知県名古屋市東区泉2丁目28-24
東和高岳ビル1F / ☎ 052-325-7662
月〜金 9:30 - 21:00 / 土・日・祝 9:30 - 19:00
無休（年末年始を除く） / ◉ trunkcoffee
取り扱い商品：レモンケーキ、バナナケーキ、
　　　　　　　カルダモンロール

> コーヒー器具が置いてあって、行くたびにワクワクするお店です。

TRUNK COFFEE LAB
東別院
愛知県名古屋市中区伊勢山1丁目2-2 1F
☎ 052-212-7870
9:00 - 18:00 / 不定休
◉ trunkcoffeelab
取り扱い商品：シナモンロール、キャロットケーキ

> ここでは特別にお作りしているロゴクッキーやキャロットマフィンも食べられます。

材料について

本書で使用している材料をご紹介します。お店で使用しているものは、業務用の商品もあります。お近くのスーパーで手に入りやすいものや、ご家庭にあるものでもおいしく作れます。

小麦粉

本書では、薄力粉・準強力粉・全粒粉をおもに使います。いずれも手に入りやすい一般的なもので構いませんが、好みに応じて種類を使い分けてみるのもおすすめです。

砂糖

グラニュー糖、粉糖、きび砂糖、ブラウンシュガー、トッピングのパールシュガーなどさまざま。代用は可能ですが、味わいが変わってしまうので、砂糖の使い分けをおすすめします。

カルダモン

このスパイスは北欧のお菓子に欠かせません。お店ではさやから中の黒い種子を取り出し、すりつぶして使っています。手軽なパウダータイプも販売されています。

バター

無塩バターはたくさん使うので、業務用サイズのものが便利です。常温に戻し忘れた際は、電子レンジで少しずつ温めると扱いやすいです。

ジャム

とくにベリー系のジャムは、北欧のお菓子に欠かせないものです。私はボンヌママンのジャムを愛用していますが、お好きなもので構いません。

マジパン

プリンセスケーキに欠かせないマジパン。着色して使います。「富澤商店」などの製菓用品店や通販で購入することができます。

使用している道具について

本書で使用している道具をご紹介します。工程がシンプルなレシピが多いぶん、お店で使用している道具もごく一般的なものになります。

ゴムベラやホイッパーのほか、クリームを塗る時には専用のヘラがあると便利です。ボウルは17cmと24cmなど、大小いくつか用意しておきましょう。

クッキーづくりには、めん棒に加え「シルパット」と呼ばれるオーブンシートが活躍。写真にはありませんが、生地を均一な厚みに伸ばすための「ルーラー」もあると便利です。

お店ではスタンドミキサーを使用していますが、家庭ではハンドミキサーがあると便利。もちろんなくても作れますが、時間短縮にも役立ちます。

お店では紙製のマフィンカップを使用しています。自立式のカップを使えば、焼き型いらず。そのまま焼けて持ち運びも簡単です。

本書では21cmと18cmのケーキ型、24cmスクエア型を使用しています。同じケーキでも型を変えると印象が変わります。

ソーダブレッドでは、18.5×9.5×9cmの食パン型を使用しました。型がない場合は、一般的なソーダブレッドのように丸く焼いてみても。

小原　愛（FIKAFABRIKENオーナー）

大学在学中にスウェーデンの大学に留学、現地のお菓子やFIKAというお茶を楽しむ文化に魅了され、帰国後にFIKAFABRIKENを立ち上げる。大学卒業後に豪徳寺に念願の店舗をオープン。現在は豪徳寺、鷹の台、国分寺の3カ所でスウェーデンの魅力を伝えるカフェやベーカリーを経営している。

デザイン	フクナガコウジ
イラスト	ハニュウミキ
撮　　影	多田千波
	小原裕貴
取　　材	野嵜理佳子
校　　閲	鷗来堂
編　　集	梶原綾乃

ワンボウルで作る北欧のお菓子

著　者　FIKAFABRIKEN
編集人　栃丸秀俊
発行人　倉次辰男
発行所　株式会社主婦と生活社
　　　　〒104-8357 東京都中央区京橋3-5-7
　　　　TEL 03-5579-9611（編集部）
　　　　TEL 03-3563-5121（販売部）
　　　　TEL 03-3563-5125（生産部）
　　　　https://www.shufu.co.jp
製版所　株式会社公栄社
印刷所　大日本印刷株式会社
製本所　株式会社若林製本工場
ISBN978-4-391-16286-8

落丁・乱丁の場合はお取り替えいたします。お買い求めの書店か、小社生産部までお申し出ください。

R本書を無断で複写複製（電子化を含む）することは、著作権法上の例外を除き、禁じられています。本書をコピーされる場合は、事前に日本複製権センター（JRRC）の許諾を受けてください。また、本書を代行業者等の第三者に依頼してスキャンやデジタル化をすることは、たとえ個人や家庭内の利用であっても一切認められておりません。
JRRC（https://jrrc.or.jp/ e メール：jrrc_info@jrrc.or.jp Tel：03-6809-1281）
©FIKAFABRIKEN 2024 Printed in Japan